RAPPORT

PRÉSENTÉ AU CONSEIL CENTRAL D'HYGIÈNE

de la Seine-Inférieure

SUR LA

CRÉMATION DES ORDURES

DANS LES VILLES

Par M. le docteur LEUDET

ROUEN

IMPRIMERIE E. CAGNIARD (LÉON GY, Succr)

Rues Jeanne-Darc, 88, et des Basnage, 5

1895

RAPPORT SUR LA CRÉMATION DES ORDURES

DANS LES VILLES

RAPPORT

PRÉSENTÉ AU CONSEIL CENTRAL D'HYGIÈNE

de la Seine-Inférieure

SUR LA

CRÉMATION DES ORDURES

DANS LES VILLES

Par M. le docteur LEUDET

ROUEN

IMPRIMERIE E. CAGNIARD (Léon GY, Succr)

Rues Jeanne-Darc, 88, et des Basnage, 5

1895

RAPPORT

PRÉSENTÉ AU CONSEIL CENTRAL D'HYGIÈNE
DE LA SEINE-INFÉRIEURE

SUR LA

CRÉMATION des ORDURES

DANS LES VILLES

Commission : MM. Le Plé, Knieder, Houzeau, Fouray, Leudet, *rapporteur* :

Les villes sont de plus en plus gênées pour trouver une manière satisfaisant à la fois, l'hygiène et l'économie, de se débarrasser de leurs détritus.

L'impuissance de l'agriculture à les employer tous est de jour en jour plus manifeste, soit parce que les matières fécales y deviennent plus rares par suite des mesures d'assainissement adoptées dans certaines villes, soit parce que le prix des transports dans des dépôts éloignés augmente sans cesse.

Aussi à l'étranger, non-seulement des grandes villes, mais aussi des centres de 20,000 et 10,000 âmes ont installé des appareils crémateurs ; ce sont ces appareils que nous allons décrire dans leur fonctionnement et dans leurs résultats.

Comme principaux documents pour la constitution de

ce rapport, nous devons citer trois mémoires communiqués par la Préfecture de la Seine-Inférieure, à laquelle ils ont été envoyés par la Direction générale de l'Assistance et de l'hygiène publique.

1° Th. Codrington : *Rapport sur la destruction des ordures des villes*, 1888.

Ce mémoire n'est plus au courant malgré les assertions de Codrington; il prône le système Fryer depuis très modifié et d'autres systèmes pour la plupart abandonnés aujourd'hui.

2° Ch. Jones : *Destructeurs de détritus jusqu'à aujourd'hui*, 2e édit. 1894.

Travail très bien fait et complet, de même que le suivant :

3° Bohm et Grohn : *Sur la crémation des ordures en Angleterre et les essais à entreprendre à Berlin*, 1894.

Historique : Les premières tentatives faites en 1870, à Paddington (Londres), furent infructueuses; le four manquait de tirage.

Le premier essai qui réussit eut lieu à Manchester en 1873, mais ce ne fut qu'en 1876 que Fryer construisit dans cette ville le premier four à résultats réellement satisfaisants; son système modifié est encore très employé aujourd'hui.

Birmingham, Leeds, Bradfort suivirent; un certain nombre de systèmes parmi lesquels les fours Pearce et Lupton, Pickard, etc., ne réussirent pas malgré certains avantages.

Si nous envisageons la situation actuelle, nous voyons que l'Angleterre, qui a pris l'initiative de la méthode il y a une trentaine d'années, est le pays qui en fait le plus grand usage, et le mouvement va toujours en s'y accentuant.

Si l'on songe que chaque station crématoire comprend plusieurs fours (dits cellules en Angleterre), on voit que, en 1880, 100 fours fonctionnaient dans 7 villes ; actuellement 66 villes anglaises avec un total de près de 9 millions d'habitants emploient 679 fours. Plusieurs grands hôpitaux anglais ont leur four particulier, précaution qu'on ne saurait trop louer et qui évite la sortie et le transport de toutes les matières si dangereuses par leur contamination qui s'y trouvent.

A noter aussi que depuis quelque temps l'incinération existe dans les ports comme Newcastle, Liverpool, malgré la proximité de la mer.

Depuis le 1er juillet 1892, une usine fonctionne à Bruxelles et se développe de plus en plus, car la crémation sera appliquée pour toute une partie de la ville comprenant 184,000 habitants.

A la fin de 1893, à Berlin, 6 fours brûlaient par semaine 200,000 kil. d'ordures; Hambourg est également pourvu d'appareils crématoires.

Dès 1876, les Américains avaient brûlé les détritus dans leurs postes militaires ; depuis 1885, un certain nombre de villes font de même. A Alleghany, on utilise les gaz du sol; on trouve à Montréal, à Chicago, le Destructor anglais; à Desmoines, l'appareil Eagle, datant de 1886, à Buffalo, le système Merz, à Pittsbourg, le four Rider.

En général, 6 fours brûlent les détritus d'une agglomération de 50,000 habitants.

En Angleterre, en moyenne une station par 75,000 habitants.

Chaque station ne doit pas être trop considérable pour

ne pas rendre les charriages trop dispendieux; en moyenne le point à desservir le plus éloigné de la station doit être de 2 kil. 5.

Stations crématoires.

En Angleterre, que nous prendrons pour modèle vu la bien plus grande quantité de fours qui y fonctionnent qu'ailleurs, il y a deux sortes de stations très différentes :

Dans la première catégorie, on brûle simplement les ordures ménagères; la deuxième existe dans les villes sans égouts où on doit s'occuper des féces; là, la fabrication des engrais passe en première ligne et la combustion n'est qu'un accessoire.

Dans les stations de la première catégorie, les ordures composées essentiellement de cendres, des gadoues, des débris de ménage brûlent facilement en Angleterre où elles contiennent toujours une portion notable de charbon imparfaitement consumé. Ordinairement on brûle sans triage préalable, mais souvent on enlève les tessons et les débris métalliques. La station de Letts Wharf, à Londres, est la seule où l'on retire pour les vendre les chiffons, les papiers ; pratique à condamner absolument, car elle peut contribuer à la propagation des maladies infectieuses. Or l'incinération a précisément en grande partie pour but de remédier à ce danger. A Ealing, on mélange aux matières à brûler la boue des égouts.

Dans la deuxième catégorie, les parties pulvérulentes, telles que les cendres, sont séparées par le tamis pour, mélangées au féces, être transformées en engrais. Les ordures plus volumineuses, brûlées avec ou sans addition de charbon, servent à chauffer les chaudières à préparer l'engrais. Dans certains endroits (Birmingham),

Manchester, Glasgow) ces manipulations sont précédées d'un triage des parties qui brûleront mal ou pas.

Résultats et avantages de l'incinération.

L'incinération permet d'échapper aux difficultés d'établissement de voiries dans les villes qui prennent de l'extension et évite un transport coûteux; elle réalise un des plus grands desiderata de l'hygiène.

Les fours anglais, dont l'expérience n'est plus à faire depuis longtemps, remplissent avec un parfait fonctionnement les conditions d'économie et d'hygiène.

La combustion est en effet complète et les stations ne semblent nullement éveiller de craintes pour la santé publique; en Angleterre, les municipalités, bien loin de se plaindre de leur existence, sont très favorables à leur création; l'État aide les localités pauvres dans les frais de premier établissement au même titre que pour d'autres fondations intéressant l'hygiène.

A Leicester, la municipalité a laissé placer la station à 15 mètres environ d'une école fréquentée par 600 enfants.

A Hornsey, une simple rue sépare les fours du service des eaux et de ses bassins de filtration découverts.

Résidus de la Crémation.

Ils se composent d'une part de détritus de nature incombustible que la chaleur n'a pu transformer, par exemple la cendre, les tessons, le fer blanc; d'autre part des produits des parties combustibles des ordures.

La masse des résidus des fours varie beaucoup suivant les endroits; par exemple ils sont, à Hastings, de 15 0/0;

à Salford, de 50 0/0 ; comme moyenne on a 20, 25, 33 0/0, les chiffres les plus élevés étant ceux rencontrés le plus fréquemment. La cendre fine est principalement collectée dans le cendrier ; sur les grilles on trouve des scories en morceaux plus ou moins gros.

La quantité des résidus déperd autant de la nature des ordures incinérées et principalement de leur contenance en cendres que de la façon dont marchent les fours.

Plus la combustion est rapide, plus il y a de scories, mais elles ne sont pas aussi compactes et cohérentes qu'avec une combustion lente ; or, la dureté est un fait important au point de vue de l'utilisation des scories.

Emploi des résidus de la crémation.

Les scories sont parfois transformées en mortier à la station même, ou bien servent à l'entretien des chaussées, aux maçonneries. A Southampton, on en fait des plaques pour revêtir les trottoirs.

Il y a là une source de revenus, mais elle est très diminuée par les frais qu'exigent les machines, les broyeurs, les manèges employés à ces différentes fabrications.

Les bénéfices sont parfois si minimes, que dans certains endroits on ne fait rien des scories trouvées dans le four.

A Whitechapel et à Baltersea, circonscriptions de Londres, on paie pour les emporter ; ainsi, dans le dernier endroit, on a dépensé en 1892-93, pour emporter les scories, 15,360 fr. et 21,120 fr. pour achat d'un terrain où les déposer. A Newcastle, on profite de la proximité d'anciennes carrières énormes pour les y jeter.

Emploi de la chaleur des fours.

Elle sert à faire marcher les chaudières qui peuvent exister dans la station et surtout à confectionner le mortier qui se fait en mélangeant les scories avec de la chaux éteinte.

Les gaz chauds produits par la combustion passent sous une chaudière tubulaire placée dans une conduite latérale.

Chaque four donne une force de cinq à six chevaux, dont chacun nécessite par heure la combustion de 41.7 kil.

Les ordures, en Angleterre, représentent 1/30 à 1/42 0/0 du pouvoir combustible du charbon.

Les chaudières destinées à produire une force motrice n'existent que dans la moitié où les deux tiers des stations; on n'en met pas là où les ordures sont pauvres en éléments combustibles.

A Manchester, après une expérience de dix-sept à dix-huit ans, afin d'éviter les différences de travail moteur, dues à des changements dans la nature des ordures, on envoie à la cheminée les gaz chauds des vingt-quatre fours, et on chauffe simplement une chaudière faisant mouvoir cinq manèges à mortier.

L'air chaud sert également aux ventilateurs à remuer les grilles des fourneaux. Parfois les fours actionnent des dynamos suffisant pour l'éclairage de la station, mais pas plus. Ainsi, à Southampton on a essayé d'éclairer quatre rues voisines de la station, mais on a dû après se limiter à celle-ci.

Les ingénieurs anglais prétendent que, *le plus souvent*, étant données les dépenses des chaudières et machines à utiliser la force motrice, le prix d'une tonne de charbon n'atteindra pas le prix que coûtera à brûler une masse d'ordures équivalant comme force motrice à une tonne de charbon.

Manière de procéder à la récolte des ordures à incinérer.

Les ordures sont rassemblées dans des récipients en tôle galvanisée et *couverts* ; avant neuf heures du matin elles sont vidées par le service de la voirie dans des voitures qui doivent être bien étanches et elles aussi bien couvertes. Dans les boîtes vides on jette une poudre désinfectante. Arrivés à la station, les voitures gravissent une pente et, afin de ménager la main d'œuvre, le tombereau vient basculer près de la gueule du four.

Mode d'exploitation d'une station crématoire.

Ces stations sont la propriété des communes qui les exploitent.

Rien n'est perçu pour le transport et l'incinération ; exceptionnellement et quand il s'agit d'une industrie qui apporte aux fours une grande quantité de détritus, il est perçu une taxe d'environ 2 fr. 50 par tonne.

L'enlèvement des ordures dans les maisons a lieu aux frais de la ville (acte du Parlement sur l'hygiène publique, en 1875); dans les provinces, cette opération est en régie; pour beaucoup de quartiers de Londres elle se fait par entreprise. Le transport à la station n'a lieu que de jour, d'où la nécessité d'avoir là une certaine provision pour ne pas interrompre l'opération.

Une station comprend six à douze fours réunis dans le même massif de construction, bien que chacun soit totalement indépendant; ordinairement, plusieurs fours fonctionnent simultanément. Tantôt ils sont simplement abrités sous un hangar, tantôt ils sont à l'intérieur d'un corps de bâtiment.

Un cagnard à la voûte de chaque four sert à l'alimenter; c'est là que basculent les voitures sur une plateforme dominant de un à deux mètres la surface des fours où l'on distribue ensuite ce qui a été apporté. Parfois, pour éviter des manipulations, le contenu des voitures verse dans des wagons qui sont à leur tour déchargés juste au-dessus du cagnard.

Dans certaines villes, la disposition du terrain a permis de placer les fours en contrebas et d'éviter ainsi la rampe d'accès à leur sommet.

Les produits de la combustion sont retirés par une ouverture située à leur partie inférieure.

Dans la majorité des cas, un homme dirige trois fours; il y a un surveillant pour trois hommes.

En Angleterre, les fours marchent ordinairement du lundi matin à l'après-midi du samedi où l'on couvre le feu de façon à n'y laisser arriver que peu d'air. Pour remettre en marche, il suffit de jeter sur le feu certaines parties des détritus telles que pailles, papiers, vieux paniers, etc.

Les ordures tombent par le cagnard sur des grilles où elles sont brûlées. Les gaz vont à la cheminée par des tuyaux qui traversent le foyer des chaudières ainsi que l'appareil destiné à manger la fumée.

Systèmes de fours.

Ils sont aujourd'hui très nombreux; nous nous bornerons à citer les principaux avec quelques-unes de leurs particularités.

En Angleterre, le four qui est encore de beaucoup le plus employé, est le système Fryer, le premier qui ait donné de bons résultats et qui a été, le plus souvent, doté de divers perfectionnenents. Puis viennent les fours Warner, Whiley, Horsfall, beaucoup plus récents. Il existe un grand nombre d'autres systèmes, tous beaucoup moins répandus que ceux-là, aussi n'en parlerons-nous pas.

Le destructor Fryer a ses barres de foyer inclinées pour permettre l'enlèvement des scories; il se charge par le haut et possède des ouvertures permettant d'y jeter les corps de gros animaux. Une disposition automatique empêche l'accès de l'air froid lors du chargement et du nettoyage, afin de ne pas entraver la marche continue. A Ealing, il y a de l'eau sous les grilles pour éviter que les chauffeurs soient incommodés par la poussière.

Destructor Whiley. — On a cherché dans ce système à réduire la main d'œuvre. Les grilles mobiles entraînent les ordures de plus en plus loin dans le four, mais des inconvénients résultent de cette mobilité; des ordures restent pincées dans le grillage et son mouvement trop violent laisse en même temps passer, sans qu'elles soient brûlées, les parties tant soit peu menues. Il est alors nécessaire de tamiser, ou tout au moins de trier les ordures, comme on le fait à Manchester.

Destructor Horsefall. — Fourneau identique à celui de Fryer ; on obtient une très haute température par un courant d'air obtenu en injectant un jet de vapeur; une disposition spéciale des conduits amène les gaz du four dans la flamme même du foyer. Ceux qui ne sont pas brûlés, le sont dans une chambre située au-dessus du foyer, revêtue de briques réfractaires et chauffée à blanc. Les grilles sont mobiles.

Destructor Warner, dit le Perfectus, adopté à Hornsey, Bournemouth, Newcastle on Tyne et ailleurs.

En briques et revêtu de fer. Des récipients mobiles sur des pivots y amènent, après enlèvement des produits de la combustion, de nouvelles matières. La moitié de la voûte de chaque four sert à sécher les ordures avant de les brûler.

Crémateur de fumée Jones. — La fumée des fours a été une des causes d'opposition aux premiers essais d'incinération des ordures. Son odeur, sa poussière, ont failli compromettre le système. Les desiderata ont été complètement remplis par l'adoption du crémateur de fumée système Jones.

Les gaz et la fumée passant dans une chambre à parois réfractaires où existe un petit foyer, très peu dispendieux, alimenté par du coke fin ou des escarbilles tirées des ordures, on arrive ainsi à une température de 1,000 à 1,500°. Ce perfectionnement a en même temps accru le tirage et permis d'atteindre une vitrification plus complète des scories.

En Amérique, certains systèmes de fours diffèrent quelque peu des précédents : ainsi *le système Merz* employé à Buffalo extrait les graisses des gadoues en les arrosant de benzine. Les produits de la distillation passent dans un récipient chauffé à 950° par un serpentin où passe la vapeur. Les vapeurs de benzine sont condensées et peuvent reservir; les graisses sont recueillies et le résidu des gadoues forme un bon engrais. Le fonctionnement de ce système doit être dispendieux, car les gadoues sont séchées à la vapeur.

Le crémateur Eagle utilisé à Desmoines affecte la disposition d'un fourneau à réverbère chauffé au pétrole; les gaz traversent successivement deux autres foyers alimentés de même et servent ensuite à l'échauffement des tuyaux calorifères, 60 litres de pétrole, en 7 heures brûlent 16 tonnes de gadoues. Le prix de revient de ce système ne nous est pas connu.

Le four Rider se rapproche beaucoup plus des fours anglais; il brûle les gadoues mélangées à 1/20 de leur poids de houille.

En Belgique, l'établissement des premiers fours eut lieu à Bruxelles en 1892; on se sert du système Smyers qui se composait primitivement de deux fours adossés l'un à l'autre, et a fonctionné d'une façon si satisfaisante que le nombre de ses fours a été porté à dix. Ce système exige un séchage préalable des matières; jusqu'ici on ne brûle que celles des ordures de la rue et des maisons qui ne trouvent pas preneur. On pense qu'un jour on arrivera à brûler le tout.

En France, il n'y a pas encore de four installé. La Préfecture de la Seine-Inférieure nous a communiqué un prospectus qui lui a été adressé par M. A. Weil, constructeur à Valenciennes; le four, système Goutierre et Weil, se composerait d'un nombre variable de cornues verticales pouvant être hermétiquement closes. On y *distillerait* les immondices d'une façon continue et sans la moindre odeur. Les produits recueillis seraient : de l'ammoniaque rectifiée, du charbon en partie propre au chauffage, en partie employable comme cendres à bâtir ou comme engrais, enfin des gaz incondensables, en grande quantité utilisables pour le chauffage du four ou l'éclairage.

Quantité de travail effectuée par les fours.

Elle est très différente suivant les ingénieurs anglais, aujourd'hui les plus expérimentés dans cette matière ; elle varie même pour deux fours de système identique. Ainsi le four Warner, qui en 24 heures consomme à Cheltenhom 4 tonnes, en consomme 10 à Hastings, 8 à Hornsey. A Leicester, le four Fryer brûle 9 tonnes. A Newcastle, l'ingénieur Laws, forcé de faire marcher autant que possible les fours Fryer, ne put leur faire brûler plus de 8 tonnes ; en cherchant à dépasser ce chiffre, on vit que l'incinération était incomplète. A Ealing, le même système brûle en moyenne 4 t. 1/2 d'ordures mélangées à la boue des égouts.

A Oldham, le Horsfall brûle 6 t. 1/2.

Les différents fours anglais consomment en moyenne 6 à 7 tonnes.

Les variations d'un four à l'autre peuvent être dues à la nature des matières brûlées, à la construction du four, la hauteur de la cheminée, au soin apporté à la marche de l'appareil. En un mot, pour comparer les divers systèmes, il faudrait les essayer dans des conditions complètement identiques, ce qui semble bien difficile.

L'usure des appareils semble les faire très peu chômer; à Ealing, le destructor et le crémateur de fumée ont marché jour et nuit depuis 1885, y compris les dimanches, et n'ont chômé que 14 à 21 jours par an pour les réparations.

Température dans les fours.

La chaleur, intense dans les fours au point de nécessiter le cerclage des cheminées, assure la destruction de toutes les substances nuisibles et des gaz infects. Ceux-ci, à une température de 600°, sont complètement brûlés, et 10 devient 10^2.

Cadrington a fait en 1887 des mensurations pyramétriques bien différentes, non seulement suivant les systèmes, suivant les matières brûlées, mais aussi pour des fours de système identique.

A Whitchapel, ossillations de 82° C à 538° C.

La moyenne relevée dans les fours Fryer qui fonctionnaient alors à cette station fut de 254°. Dans la conduite principale 210 à 280 C.

(A remarquer que, dans ces essais, les ordures étaient pauvres en matières combustibles vu leur grande abondance en gadoues vertes).

A Ealing, où les ordures sont mêlées aux boues du canal, on trouve dans les conduites 271 à 457°.

Dans les installations plus récentes où existe un ventilateur pour activer la combustion, on voit, comme à Bradford, les fours portés au rouge cerise ou au rouge blanc correspondant à 655° et 725°; dans la conduite principale, on a pu relever 1,500°.

Frais de construction des stations et des fours.

Il y a naturellement un grand écart de chiffres entre les prix d'établissement d'une station.

Ils dépendent du nombre des fours, de la nécessité où l'on peut être d'établir des accès plus ou moins coûteux tels que rampes, etc. ;

Du prix des constructions souvent en rapport avec l'importance de la ville ;

De la construction de la cheminée, des services accessoires, écuries, remises, etc.

Un four, sans l'acquisition du terrain, revient à 17,220 fr., amortissement également non compris ; à Leicester, six fours ont coûté 175,000 fr., soit par four 17,400 fr. Prenons comme type la station d'Edinbourg, terminée en 1893. Les constructions assez luxueuses comprennent 10 fours avec chaudières, manèges à mortier, éclairage électrique, forge, charronnage. On a dépensé pour :

1° Fours, chaudières et machines à mortier............................	95.103 fr.	60
2° Écuries, cour, etc................	158.763	48
3° Construction abritant les fours, cheminées, rampes d'accès..............	172.891	03
	426.758 fr.	11

A Battersea (Londres), le prix des terrains et des transports rendent la crémation très coûteuse ; à Newcastle, elle est très réduite par la proximité de la vieille carrière où on jette tout.

Dépenses d'exploitation. — Très variables aussi suivant les endroits ; ainsi on dépense par tonne de détritus consumée 0 fr. 35 à 4 fr. 25.

En moyenne en Angleterre, le prix pour une tonne est de 1 fr. 23, chiffre tenant compte de toutes les recettes possibles (mortier, ventes de scories), mais non de l'amortissement du capital employé pour le terrain et les constructions.

La combustion de la fumée revient à environ 0 fr. 35 en moyenne par tonne de détritus; à Leicester on a dû y renoncer, car elle coûtait le même prix que la crémation des ordures, c'est-à-dire 1 fr. 23.

Les améliorations emploient 1/20 0/0 du capital ; il faut en outre tenir compte des dépenses occasionnées par l'usure, les réparations.

Certains systèmes s'usent plus rapidement que les autres ; les fours Horsfall et Whiley sont peut-être dans ce cas.

Une chose qui fait fortement varier le coût des incinérations, *c'est la présence ou l'absence de fragments de charbon dans les détritus*. Bohm et Grohn, dans leur intéressant mémoire, font à ce sujet une réserve faite également par beaucoup de ceux qui ont traité la question.

En Angleterre, il y a dans les cendres jusqu'à 10 0/0 de charbon non entièrement consumé, ce qui facilite grandement la combustion dans les fours. A Bruxelles et à Hambourg, la proportion, sans être aussi grande, est cependant encore notable. Il est loin d'en être de même dans toutes les villes. A Berlin, par exemple, où l'on se sert beaucoup de briquettes et d'agglomérés donnant une fine poussière, la proportion de charbon pas brûlé n'est plus que de 1 0/0.

Une cendre abondante et fine est très gênante pour la combustion ; elle ne peut être séparée des ordures combustibles par un tamisage, ce qui serait absolument contraire à l'hygiène. De là, nécessité d'ajouter du charbon ou tout autre combustible afin d'avoir une incinération parfaite ; de là aussi un accroissement de dépenses.

Ce que l'on brûle.

A) *Matières brûlées dans la majorité des fours.*

Généralement les ordures ne sont pas triées, cependant on est loin de pratiquer dans toutes les villes une incinération totale des matières usées ; il est nombre d'endroits où l'on ne brûle que les ordures ménagères et les balayures des marchés.

Hambourg et Berlin semblent vouloir se contenter, tout au moins pour commencer, d'une incinération partielle des ordures urbaines en brûlant les surtout ordures ménagères qui sont précisément les plus riches en substances putrescibles.

Ce qui est jeté dans les fours ordinairement ce sont les ordures ménagères, les vieux matelas, les vieilles paillasses, les débris de cuisine, les déchets des fabriques.

B) *Matières brûlées de préférence dans quelques localités.*

En 1890, le Conseil de comté de Londres a fait construire à Borking un four pour brûler les matières solides flottant sur les eaux vannes ;

A Ealing, on mélange aux ordures ménagères la vase précipitée par la chaux dans les eaux d'égout ;

A Bradford, Salford, Preston, Newcastle-on-Tyne, les matières fécales sont jetées dans les fours ;

Déjà en 1882, on jetait à Bâle les cadavres d'animaux et les viandes altérées dans les cornues des usines à gaz ;

A Saint-Jean de Rohrbach (Lorraine), un four installé à 20' du village, peut consumer en huit à neuf heures le corps d'un animal de grande taille. Notons, en passant que ce four est d'un entretien dispendieux et fume énormément.

Un four du système Kari, de Berlin, en maçonnerie et briques réfractaires est utilisé à l'abattoir de Nuremberg.

RÉSUMÉ.

1° L'incinération des immondices des villes fonctionne depuis longtemps à l'étranger et y est très employé. Ainsi, en Angleterre, 679 fours marchent dans 66 villes, représentant un total de 9 millions d'habitants au moins,

La crémation est également utilisée par plusieurs villes des Etats-Unis, d'Allemagne, de Belgique. Les résultats atteints dans ces pays depuis 1876 paraissent des plus encourageants.

2° Il faut en moyenne 6 fours pour 50,000 habitants.

3° Les émanations des fours ne sont nullement dangereuses comme le prouve l'expérience acquise ; la fumée peut être détruite à l'aide d'appareils spéciaux.

4° Après l'incinération, il reste en moyenne un volume équivalent à 33, 25 et 20 0/0 de la masse primitive.

5° Les scories sont utilisables, mais les bénéfices, si toutefois il y en a, sont minimes et souvent on a renoncé à en tirer aucun profit.

6° La chaleur est utilisée pour les machines en usage dans la station même (fabrication d'engrais, ventilateurs, lumière électrique).

7° Les systèmes de fours sont très nombreux ; beaucoup de villes ont adopté des appareils plus ou moins modifiés.

Les fours Fryer, Whiley, Horsfall, Warner, sont les plus répandus.

8° Le travail effectué par les fours est très variable, suivant ce qu'on y brûle et aussi, on peut dire, suivant le four, car deux appareils de système identique donnent rarement un produit absolument comparable.

La quantité moyenne d'immondices incinérées est de 6 à 7 tonnes en 24 heures.

9° Les frais d'établissement sont excessivemant variables suivant les circonstances ; on compte, en général, 17,220 fr. par four, non compris l'acquisition du terrain et de l'amortissement.

Les installations pour employer les scories, fabriquer de l'engrais, produire la lumière électrique, doivent être comptées à part.

10° En comptant toutes les recettes possibles, la dépense moyenne par tonne d'immondices incinérée est de 1 fr. 23.

Le prix est grandement modifié par la présence d'une plus ou moins grande quantité d'escarbilles dans les immondices.

11° Beaucoup de villes ne brûlent que les ordures ménagères et les détritus des marchés. Quelques villes brûlent également les matières fécales, certaines la boue des égouts.

CONCLUSIONS.

1° Les fours à incinérer les immondices constituent, d'après l'expérience acquise à l'étranger et surtout en Angleterre, un excellent moyen de débarrasser les villes de matières propres à nuire à l'hygiène publique.

Il y a lieu de recommander leur adoption aux villes qui cherchent à se défaire de leurs immondices avec les réserves suivantes :

2° Transport aux stations crématoires dans des voitures étanches, bien couvertes, faciles à désinfecter.

3° Entreposer les matières à incinérer dans des endroits bien clos ; une certaine provision étant nécessaire pour éviter l'arrêt des fours.

4° Atteindre une température permettant de détruire toute substance et tout germe nuisible ; (augmenter le tirage, soit au moyen de ventilateurs, soit au moyen de hautes cheminées.)

5° Détruire les gaz, produits de la distillation des matières, en les faisant passer dans des chambres où ils seront brûlés totalement.

6° Parer également aux inconvénients de la fumée en mangeant dans des appareils analogues au système Jones.

7° Eviter comme antihygiénique tout tamisage de cendres et des poussières fines.

8° Ne retirer des immondices, avant leur incinération, que les objets pouvant gêner la marche de l'opération ; *ces objets ne devront sortir de l'établissement que dûment désinfectés.*

9° Les résultats de l'incinération des immondices étant très variables, il ne faut pas compter avec trop d'assurance à en retirer des bénéfices.

www.ingramcontent.com/pod-product-compliance
Ingram Content Group UK Ltd.
Pitfield, Milton Keynes, MK11 3LW, UK
UKHW020411250726
13967UKWH00006B/2593

9 782013 037877